Glauben mit Hand und Fuß

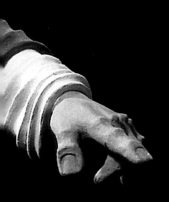

Glauben mit Hand und Fuß

Das Leben Jesu in Ton gebrannt

PLÖGER
MEDIEN
G M B H

Die Deutsche Bibliothek – CIP-Einheitsaufnahme

Herfen, Bert:
Glauben mit Hand und Fuß : das Leben Jesu in Ton gebrannt /
Bert Herfen ; Peter Schmid. Hrsg.: bhf-medienproduktion/
Kloster Heiligenbronn. - Annweiler: Plöger, 2001.
ISBN 3-89857-150-5

ISBN 3-89857-150-5

© Autorinnen, Autoren und Verlag
Herausgeber: bhf-medienproduktion, 50389 Wesseling
                       Kloster Heiligenbronn, 78713 Schramberg
Licht- und
Szenengestaltung: Bert Herfen, 50858 Köln
Fotografien: Bert Herfen / Bernd Siering, 50858 Köln
Zwischentexte: Peter Schmid, 88456 Ingoldingen
Layoutentwurf: Harald Hoos, 76829 Landau / Gerd Meussen, 45130 Essen
Gesamtherstellung: Plöger Medien GmbH, 76855 Annweiler

Inhalt

Vorwort

»Geht hinaus in die ganze Welt, und verkündet das Evangelium allen Geschöpfen,« (Mk 16,15) so lautet der Auftrag des Auferstandenen an seine Jünger.

»Mir ist alle Macht gegeben im Himmel und auf der Erde. Darum geht zu allen Völkern, und macht alle Menschen zu meinen Jüngern; tauft sie auf den Namen des Vaters und des Sohnes und des Heiligen Geistes und lehrt sie, alles zu befolgen, was ich euch geboten habe,« (Mt 28,18-20) der Auftrag ist eindeutig und die Apostel wissen aus Erfahrung was Jüngersein bedeutet, auch was es heißt Menschenfischer zu sein. Sie verkünden das Evangelium von Jesus, dem Christus, als ein heiliges Vermächtnis ihres auferstandenen Herrn. Petrus, erfüllt vom Heiligen Geist, sagt vor dem Hohen Rat: *»Ihr Führer des Volkes und ihr Ältesten. Jesus ist der Stein, der von euch Bauleuten verworfen wurde, der aber zum Eckstein geworden ist. Und in keinem anderen ist das Heil zu finden. Denn es ist uns Menschen kein anderer Name unter dem Himmel gegeben, durch den wir gerettet werden.«* (Apg 4,8.11-12).

Viele Zeichen und Wunder geschehen durch die Hände der Apostel. Die Wirkung ihrer Predigt ist groß, Scharen von Männer und Frauen kommen zum Glauben an Christus. Auch der Widerstand gegen die Verkündigung des Evangeliums ist groß. Die Sadduzäer lassen die Apostel verhaften und ins Gefängnis werfen. Der Engel Gottes, der sie aus dem Gefängnis befreit, gibt ihnen den Auftrag: *»Geht, tretet im Tempel auf, und verkündet dem Volk alle Worte des Lebens.«* (Apg 5,20)

wo das Evangelium wortwörtlich genommen und gelebt wird – wie
ei Franziskus von Assisi, den seine Zeitgenossen, den zweiten Christus nannten – geht es dem Volk ins Gemüt, bewirkt es religiöse
ufbrüche, entzündet es Menschen in heiliger Liebesglut, findet es
usdruck und Form in unterschiedlichen Werken der Kunst, gut als
ndachtsbild zur Betrachtung, gut auch als Lehrbild für die Nacholge und das Jüngersein.

rippenlandschaften und Kreuzwege sind solche Andachts- und
ehrbilder, die der Glaube des Volkes hervorgebracht hat. Denn die
achfühlende Erinnerung, das liebende Gedenken sehnt sich nach
innlicher Präsenz im Hier und Heute.

ie szenische Darstellung des Lebens Jesu von Raul Castro verdankt
hrer Entstehung ebenfalls diesem Bedürfnis. Von alters her gibt es
ie Wallfahrt nach Heiligenbronn zum Gnadenbild der Schmerzensnutter. Viele Wallfahrer brauchen eine Erschließung des Gnadenildes, damit ihr Herz bei der Schmerzensmutter ankommen, ihre
otschaft verstehen und ihren Trost erfahren kann.

s war an eine hinführende Betrachtungshilfe in der Art eines Kreuzveges gedacht. Als gehörlose Kinder bei einem Besuch der Duninger Weihnachtskrippe spontan die Krippenfiguren, ihre Gesten
hre Mienen, ihre Haltungen nachahmten und an diesem Spiel großen Spaß hatten, war die Idee zum Heiligenbronner Leben Jesu georen und auch der Künstler dafür ausfindig gemacht.

Die Verhandlungen mit ihm gestalteten sich schwierig. Alle Gespräche mussten gedolmetscht werden und der Künstler schreckte vor dem Umfang des Auftrages und vor dem existenziellen Inhalt des Themas zurück. Ausschlaggebend, dass er es wenigstens auf einen Versuch ankommen ließ, war das Argument, dass blinde Kinder an seinen Figuren das Leben Jesu ertasten könnten, dass sie es sich dadurch innerlich vorstellen, es nachfühlen können.

Als er die erste Arbeit, die Fußwaschung, als gelungen und auch die zweite, viel umfangreichere und technisch sehr viel schwierigere Arbeit, das Abendmahl fehlerfrei präsentieren konnte, glaubte er an seine Fähigkeiten und an den Segen Gottes, der mit dieser Arbeit verbunden ist. Dieser Segen hielt sich wunderbar in allen drei Schaffensperioden durch. Von den über 250 Figuren, inklusiv der Großplastik des Gnadenstuhls, wurde kein einziges Stück beim Brennen beschädigt.

Das Leben wahrnehmen, die Seele spüren, mit den Händen erkennen – im »Leben Jesu« von Raul Castro kann man sehen, was Hände alles können, was sie ausdrücken, was sie offenbaren und verraten, was sie bewirken.

Jesus sagt von sich: »Ich bin gekommen, damit sie das Leben haben und es in Fülle haben.« (Joh 10,10). Leben in Fülle, das ist Begegnung mit Jesus, ist Beziehung zu ihm. Raul Castro stellt dies dar seine aus den Evangelien bekannten Einzelpersonen und Personen gruppen sind voller Leben, voll positiver oder auch negativer Dynamik im Gestus ihrer Hände, in ihrem Gesichtsausdruck, in ihrer Körperhaltung. Die dargestellten Szenen aus den Evangelien sind Momentaufnahmen aus einem größeren, umfassenderen Geschehen, das im nächsten Augenblick weitergehen, sich auf den Betrachter übertragen und in seinem Leben ereignen kann.

Alle Worte dieses Lebens, alle Ereignisse und Umstände des Lebens, von seinem Anfang, vom Mutterleib an, sind zu unserem Heil, sind zu unserer Rettung.

Nur der Glaube vermag diese Wahrheit zu fassen. Wenn wir betend aufblicken zum dreifaltigen Gott, dem Vater, dem Sohn und dem Heiligen Geist und wenn wir auf die Botschaft der Evangelien hören, dann werden wir Jesus als den Weg, die Wahrheit und das Leben erkennen (Joh 14,6; Eph 4,21), als die Liebe und das Leben Gottes. Mit dieser Liebe, mit diesem Leben ins Gespräch kommen, dazu will das Werk von Raul Castro anregen.

Jesus zu begegnen, ihn betend zu erkennen und erfahren, wer Gott durch ihn für uns ist, hier und jetzt in unserer Gebrochenheit und wie Gott sein wird durch ihn für uns in unserer Vollendung, das ist der Grund warum es dieses in Ton gebrannte Leben Jesu gibt und das ist auch Sinn und Ziel jeder Betrachtung dieses Werkes.

Peter Schmid

GOTT

HAT

DIE

WELT

SO

SEHR

Gott hat die Welt so sehr geliebt,
dass er seinen einzigen Sohn hingab,
damit jeder der an ihn glaubt,
nicht zugrunde geht,
sondern das ewige Leben hat.

Joh 3, 16

GELIEBT

Heiligenbronner
Gnadenstuhl

Der Heiligenbronner Gnadenstuhl ist ein Andachtsbild, das die Betrachter zur Anbetung des Dreifaltigen Gottes, zum Dank für die Erlösung durch Christus und die Heilung und Heiligung des Lebens durch die Kirche anregen und das die Betrachter lehren will, das Leben Jesu, das Raul Castro in Ton modelliert und gebrannt hat, mit den Augen der vier Evangelisten zu sehen.

Der Vater hält mit der linken Hand das Kreuz, mit der rechten Hand den Sohn, wobei er dessen offene Seitenwunde berührt. Der gekreuzigte Sohn ist auch der auferstandene Herr. Er hat seine Rechte vom Kreuz gelöst, er hält die Welt dem Vater hin und drückt sie gleichzeitig an sein Herz. Sein Blick zum Vater sagt:
»Ich bringe dir die Welt und alle Menschen. Ich habe alles versöhnt im Himmel und auf Erden und Frieden gestiftet am Kreuz durch mein Blut.« (Kol 1,20)

ALS DIE ZEIT ERFÜLLT WAR

Als die Zeit erfüllt war,
sandte Gott seinen Sohn,
geboren von einer Frau
und dem Gesetz unterstellt,

SANDTE

GOTT

damit er die freikaufe,
die unter dem Gesetz stehen,
und damit wir die Sohnschaft
erlangen. Gal 4,4-5

SEINEN

SOHN

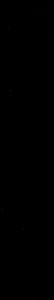

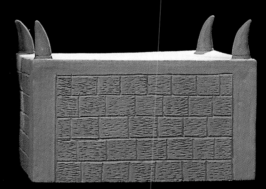

Verkündigung an Zacharias

Maria am Brunnen

Verkündigung an Maria

Elisabeth und Zacharias

Elisabeth und Maria

Maria tanzt

Zacharias meditiert

Maria hinter der Mauer

Joseph und Maria bei der Einschreibung

Hirten auf dem Felde

Hirten an der Krippe

Geburt Jesu

Maria bei der Verkündigung des Simeon

gung der Sterndeuter

Kindermord

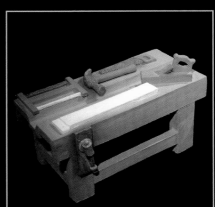

IHR
WISST
WAS
IM
GANZEN

Ihr wisst,
was im ganzen Land
der Juden geschehen ist,
angefangen in Galiläa,
nach der Taufe,
die Johannes verkündet
hat: wie Gott
Jesus von Nazareth

LAND

DER

JUDEN

gesalbt hat
mit dem Heiligen Geist
und mit Kraft,
wie dieser umherzog,
Gutes tat und alle heilte,
die in der Gewalt
des Teufels waren;
denn Gott war mit ihm.

Apg 10, 37 - 38

GESCHEHEN

IST

  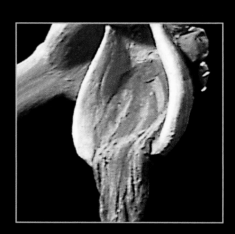

Jesus und das Wunder in Kanaa

Jesus und die Kinder

Jesus verkündet das Reich Gottes

Maria und Martha

Brotvermehrung

ER

HAT   UNSERE

SÜNDEN

MIT

SEINEM

LEIB

AUF

DAS

Er hat unsere Sünden mit seinem Leib
auf das Holz des Kreuzes getragen,
damit wir tot seien für die Sünde
und für die Gerechtigkeit leben.
Durch seine Wunden seid ihr geheilt.

1 Petr 2, 24

HOLZ

DES

KREUZES

GETRAGEN

Einzug in Jerusalem

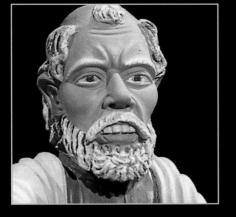

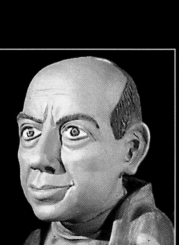
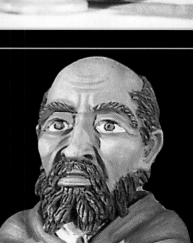

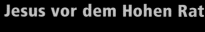

Kreuzigung

WENN

WIR

NÄMLICH

IHM

GLEICH

GEWORDEN

SIND

Wenn wir nämlich ihm

gleich geworden sind in seinem Tod

IN

dann werden wir mit ihm

auch in seiner Auferstehung vereinigt sein.

Röm 6,5

SEINEM

TOD

Schmerzensmutter

Im Heiligenbronner Gnadenbild der Schmerzensmutter ist das Geheimnis der Erlösung sinnbild-
lich vereint: Die Geburt und die Menschwerdung
Christi im Schoß Mariens mit seinem Tod und mit
seiner Auferstehung. Hier wird am Vorbild Mariens
die Berufung der Kirche und die Berufung jedes
Getauften ausgedrückt: Christus im Herzen tragen
und zur Welt bringen; alle Worte seines Lebens im
Herzen bewahren, befolgen und verkünden; seinen Weg gehen bis zum Kreuz und aus der Kraft
seiner Auferstehung leben. Hier wird die Spannung
sichtbar, in der unser Leben steht: Die Wirklichkeit
des Todes in Trauer und Schmerz und die Wahrheit
der Auferstehung in Freude und Jubel, die vielfäl-
tigen lebensmindernden Mächte des Todes und der
einmalige Ostersieg des Lebens.

Raul Castro Rios

In einem Souvenirladen der peruanischen Hauptstadt Lima entdeckt ein deutscher Pfarrer einen »schreienden Christus« aus Ton. Die Darstellung fasziniert ihn so sehr, dass er beschließt, den Künstler zu suchen, der diese außergewöhnliche Figur geschaffen hat.

Raul Castro Rios fertigt seit fünfzehn Jahren für eine Andenkenhändlerin Tonplastiken, die sich gut und teuer an Touristen verkaufen lassen. Mal sind es peruanische Marktfrauen, mal Musikanten, mal sind es Handwerker und ab und zu gestaltet er auch ein religiöses Motiv, wie die Christusfigur am Kreuz. Das Geld, das er für seine Arbeit bekommt, reichte gerade, um ein Zimmer in der Altstadt zu bezahlen. Hier wohnte er mit seiner Frau Rosario und Sohn Fidel. Raul Castro Rios stammt aus der Inka-Stadt Cuzco. Dort lernte er die Kunst mit Ton zu modellieren. Der deutsche Priester findet schließlich den Künstler und lädt ihn zu sich in das Schwarzwalddorf ein, wo er als Gemeindepfarrer tätig ist. In der figürlichen Tradition seiner südamerikanischen Heimat gestaltet Raul Castro Rios eine außergewöhnliche Darstellung der Weihnachtsgeschichte mit mehr als 120 Figuren. Die Besucher der Krippenausstellung sind überrascht und fasziniert.

In dieser Zeit lernt der Superior des Klosters Heiligenbronn, Pfarrer Peter Schmid den Peruaner kennen. Der Seelsorger für Gehörlose und Blinde erkennt sofort die außergewöhnliche Begabung des Südamerikaners und die besondere Ausdruckskraft der Figuren. Sie anfassen, betasten zu können, das möchte er vor allem den Sehbehinderten im Kloster ermöglichen. Er beauftragt Raul Castro Rios mit der Herstellung des Leidensweges Jesu. Zu diesem Zeitpunkt ahnt Raul noch nicht, dass es sein Lebenswerk ist, mit dem er sich nun für mehrere Jahre beschäftigen wird. 1987 gestaltet er das Abendmahl und legt damit den Grundstein für den Kreuzweg. Noch nie zuvor hat er eine Figurengruppe gestaltet, die zwar aus zwölf Einzelfiguren bestand, die aber dennoch alle an einem großen Tisch sitzen sollten. Damit die Arbeit überhaupt in den Brennofen passt, muss sie in der Mitte geteilt werden. Übersteht die Szene den Brennvorgang, an dem er Monate gearbeitet hat oder fliegt alles im Ofen auseinender?

Pfarrer Schmid und Raul Castro Rios erarbeiten Figur um Figur, Szene für Szene. Der Künstler lebt und arbeitet mit seiner Familie im Kloster, unterbrochen von längeren Erholungspausen, die sie in der Heirnat Peru verbringen. In über achtjähriger Arbeit entstehen über 250 Figuren, die als Gesamtwerk in einer Dauerausstellung im Haus Lebensquell des Wallfahrtsortes Heiligenbronn bei Rottweil heute zu sehen sind. In drei eigens für die Präsentation hergerichteten Räumen sind die »Kindheit Jesu«, das »Öffentliche Leben und Wirken« sowie die »Passion« auf 48 Tischen szenisch dargestellt. Eine ausgefeilte Lichttechnik unterstützt die Wirkung der ausdrucksstarken Figuren und ermöglicht eine außergewöhnliche Betrachtung. Raul Castro Rios und seine Familie lebt heute im eigenen kleinen Haus am Stadtrand von Lima.

Bert Herfen

Wallfahrt und Kloster

Heiligenbronn ist ein Gnadenort. Auch wenn das Wort Gnade in der heutigen Zeit nicht mehr so gebräuchlich ist, drückt es doch aus, was Menschen an diesem Ort erfahren können. Gnade – die liebevolle Zuwendung Gottes zum Menschen und das in vierfacher Hinsicht:

Der Ursprung von Heiligenbronn liegt in einer Quelle. Um das Jahr 1350 berichtet die Legende von Heilungen an dieser Quelle: *»Als man nach der Ursache solcher Wunder forschte, fand man in der Quelle ein Bild der Schmerzhaften Muttergottes...«* Die Menschen erzählten ihre Erfahrungen weiter und so kamen immer mehr Pilger, die Trost, Heil und Frieden suchten in den Nöten und Sorgen ihres Lebens. Der Ort bekam den Namen Heiligenbronn, Quelle und Gnadenbild einen Platz in der Kirche. Die Wallfahrt entstand. Sie wurde von unterschiedlichen Gruppen und Gemeinschaften betreut. In ihrer wechselvollen Geschichte wurde das Gnadenbild (aus dem Jahr 1442), das heute noch in der Wallfahrtskirche aufgestellt ist, zwei mal nach Oberndorf in Sicherheit gebracht, so auch während des dreißigjährigen Krieges. Das große Wallfahrtsfest am 8. September (Fest Mariä Geburt) geht auf die feierliche Heimholung des Gnadenbildes im Jahre 1637 zurück.

Im Jahre 1857 gründete der Priester David Fuchs, Diözese Rottenburg, eine Schwesterngemeinschaft von Franziskanerinnen in Heiligenbronn. Mit den ersten Schwestern kamen auch die ersten Waisenkinder, denen David Fuchs Wohnung und Bleibe ermöglichen

wollte. Die Einrichtung wuchs schnell, Kinder mit Sinnesbehin derungen kamen dazu, Schulen, Ausbildungsmöglichkeiten, Arbeits plätze, Internate...

Von Anfang an stand der behinderte Mensch im Mittelpunkt. Geld gab es meist keines und doch konnten alle Arbeiten und Gebäude bezahlt werden. Die Chronik berichtet, dass David Fuchs oft anfangs der Woche nicht wusste, wie er die Arbeiter am Ende der Woche bezahlen sollte, aber immer kamen rechtzeitig Spenden in Form von Geld oder Baumaterial.

Seit den sechziger Jahren nahm die Anzahl der Schwestern langsam ab. So begannen Mitte der achtziger Jahre Überlegungen, wie die Zukunft für die Gemeinschaft und die soziale Einrichtung aussehen

Am Ende eines langen Suchprozesses innerhalb der Schwester…
gemeinschaft, in dem die franziskanische Dimension der Armut ne…
zum Tragen kam, stand 1991 die Errichtung einer bischöflichen Sti…
tung durch Bischof Walter Kasper. Im Jahre 1993 wurde die Träge…
schaft auf die Stiftung St. Franziskus Heiligenbronn übertrager…
Grund und Boden und alle Immobilien wurden eingestiftet mit de…
Bedingung eines dinglichen Wohnrechts für die Schwestern. Inzw…
schen ist die Stiftung eine soziale Einrichtung für sinnesbehindert…
und alte Menschen und wächst weiter.

Mit diesem Schritt war für die Schwestern eine Neuorientierun…
verbunden. Zuerst stand das Zeugnis des gemeinschaftlichen Le…
bens im Mittelpunkt. Vor allem die älteren und alten Schwester…
wurden zu Zeuginnen für einen Neuaufbruch. Sie empfingen un…
empfangen im älter werden ihre Berufung in einer neuen Weise al…
geistliche Zelle in Stiftung, Kirche und Welt, in stellvertretender…
Gebet und Leiden. Danach wurde mit der Einweihung von »Hau…
Lebensquell« 1998 der alte Schwerpunkt neu belebt: Wallfahrt und…
Exerzitienarbeit.

Zusammen mit der Wallfahrtskirche ist das Haus Lebensquell »Geist…
ches Zentrum«. Darin kommt die Sendung und das Charisma de…
Schwesterngemeinschaft in einer neuen Weise zum leuchten: Aus…
der Erfahrung von Heil und Frieden in der Begegnung mit dem drei…
altigen Gott will sie Menschen, die auf der Suche sind, diese Erfah…
ung anbieten. So kann der Raum entstehen, selbst in die heilende…

Begegnung mit der Liebe Gottes zu kommen. Das Gnadenbild der Schmerzhaften Muttergottes ist dafür Modell und Vorbild. So wie sie ihren toten Sohn hält, halten die Schwestern die Nöte, das Leid und Unheil der Menschen Gott hin im stellvertretenden Glauben, dass sie nicht das Ende bedeuten, sondern Gott handeln, heilen und helfen wird. Die Quelle in der Kirche ist ein Zeugnis für Gottes Treue über die Jahrhunderte hin. Im Gebet und Gebrauch des Wassers, finden auch heute viele Menschen Heilung und Trost.

Das Haus Lebensquell beherbergt den Tonfigurenzyklus zum »Leben Jesu« von Raul Castro. Es bietet Möglichkeit zur Ruhe zu kommen, in der Betrachtung des »Lebens Jesu« Orientierung und Weisung zu empfangen und Kraft für den Alltag zu finden. Ob Wallfahrt, Exerzitien, Besinnungstage oder thematische Angebote – immer geht es darum, wie Franziskus zur Quelle des Lebens zu kommen, Gott im Schwachen und Armseligen zu begegnen, IHN als den zu erfahren, der das Leben und jeden Menschen liebt und Sorge trägt für das Heil des einzelnen.

Aus dem eben Gesagten wird deutlich, wie das Wort »Gnade« sich in Heiligenbronn entfaltet: Gottes liebevolle Zuwendung zeigt sich am Gnadenbrunnen und durch das Gnadenbild, in der Berufung und dem Charisma der Schwesterngemeinschaft, durch die behinderten Menschen am Ort und durch die Ausstellung im Haus Lebensquell zum »Leben Jesu«.

Sr. M. Dorothea Thomalla

Kloster Heiligenbronn,
Kapelle San Damian, Klausur

Kloster Heiligenbronn – 78713 Schramberg
Telefon: (0 74 22) 569-402
Fax: (0 74 22) 569-412
E-Mail: kloster.heiligenbronn@t-online.de
             haus-lebensquell@stiftung-st-franziskus.de

Stiftung St. Franziskus Heiligenbronn
Kloster 2 – 78713 Schramberg
Telefon: (0 74 22) 569-0
Fax: (0 74 22) 569-300
E-Mail: info@stiftung-st-franziskus.de
http://   www.stiftung-st-franziskus.de

Kloster Heiligenbronn, Haus Lebensquell

Ewald Graf